APRENDIZADO PEDAGÓGICO EM PERÍODO DE PANDEMIA

Coleção Relatos de Si

Edinaide Martins de Oliveira Nascimento
Gabriel Araújo Freitas
Marcos Roberto da Silva
Sinara Costa Pereira Silva

Editora IGM
2022

Dados Internacionais de Catalogação na Publicação (CIP)

N244a

Nascimento, Edinaide Martins de Oliveira.

Aprendizado pedagógico em período de pandemia / Edinaide Martins de Oliveira Nascimento; Gabriel Araújo Freitas; Marcos Roberto da Silva, Sinara Costa Pereira Silva ; Coleção Relatos de Si. Volume: I. Goiânia: IGM, 2022.

30 p. : il. ; 14 cm

ISBN: 978-65-80508-54-9

1. Educação. 2. Tecnologias. 3. Residência Pedagógica. I. Título

CDU: 37
CDD: 370

SUMÁRIO

Introdução

O presente relato é fruto de ações e práticas produzidas no projeto de extensão "Matemática com Robótica" e no projeto de pesquisa "EMIR: Educação Matemática Inventiva com Robótica", ambos ligados à Universidade Estadual de Goiás – Câmpus Sudoeste, Sede Quirinópolis. Assim, a experiência com o uso de robótica ocorreu durante a participação no Programa Federal Residência Pedagógica - CAPES.

Este entre outros relatos de experiência (NASCIMENTO et al., FERNANDES et al., LOPES SILVA et al., COSTA et al., ALVES et al., DA SILVA et al., LEÃO et al.) foram produzidos de maneira colaborativa.

As atividades foram desenvolvidas e fundamentadas no "estudo dos robôs, estudo da sua capacidade de sentir e agir no mundo físico de forma autônoma e intencional"

(MATARIĆ, 2014, p. 21), e as concepções de robótica educacional estão conexas às ideias de Barbosa (2016).

Os autores definem bem o que diz a respeito da robótica e nos ajudam a entender as melhores formas de utilizá-la como metodologia de ensino, nas aulas de matemática.

Por decorrência da pandemia do COVID-19, nossos encontros e seminários foram realizados de maneira remota, utilizando ferramentas online, porém sem deixar de lado o principal objetivo: o desenvolvimento de Propostas Educacionais de Matemática, com o uso da robótica, sob a perspectiva da Educação Matemática Inventiva (SILVA, 2020; SILVA & SOUZA JR. 2019, 2020a, 2020b).

Neste sentido, interrogando a atual conjuntura do ensino da matemática, vislumbramos uma alternativa ao modelo da representação, uma vez que as práticas docentes norteadas por este modelo se manifestam apenas no nível da resolução de problemas, interpretação do mundo, reprodução de ações e práticas preexistentes, segundo a representação de padrões pré-estabelecidos. Sendo assim, desconsiderando uma das características mais singulares e evidentes dos seres humanos, que consiste no potencial de autoprodução em meio as experiências e processos relacionados à invenção de a si e de mundo (Kastrup, 2012).

Resultados e Discussão

A utilização da Proposta Educacional com o uso da robótica produzida, segundo a perspectiva da Educação Matemática Inventiva (SILVA, 2020; SILVA & SOUZA JR. 2019, 2020a, 2020b), teve como objetivo provocar a aprendizagem dos alunos em relação a alguns conceitos da Geometria Euclidiana, saindo do formato tradicional e partindo para algo que os alunos ainda não estavam acostumados a ver em sala de aula.

Para o desenvolvimento da proposta, fomos divididos em grupos de estagiários, no qual pude participar da produção de duas maquetes, denominadas de: Mundo Inventivo, as quais foram utilizadas como cenários para a gravação dos vídeos relacionados aos conteúdos propostos.

Os vídeos produzidos, foram publicados em um canal do YouTube e disponibilizados através dos seguintes links: https://www.youtube.com/watch?v=DSjoE4BnRBE&t=1s (Módulo I); e https://www.youtube.com/watch?v=I8iel7RxEvQ (Módulo II).

Dessa forma, os alunos acessaram o material facilmente. Realizamos alguns encontros, todos de maneira remota, e produzimos coletivamente 24 (vinte e quatro) problemas inventivos, os quais foram trabalhados em consonância com os vídeos gravados. Posteriormente, ainda houve a intervenção com os alunos dos 7ºs (sétimos) aos 9°s (nonos) anos, do Colégio da Polícia Militar de Goiás – Dr. Pedro Ludovico, localizado na cidade de Quirinópolis - GO.

A Figura 1, apresenta as maquetes (Mundo Inventivo) utilizadas para a produção dos vídeos. Dessa maneira, podemos visualizar a distribuição dos objetos utilizados, na qual o robô pudesse circular entre eles.

Figura 1: Mundo Inventivo referente ao Módulo I e II.

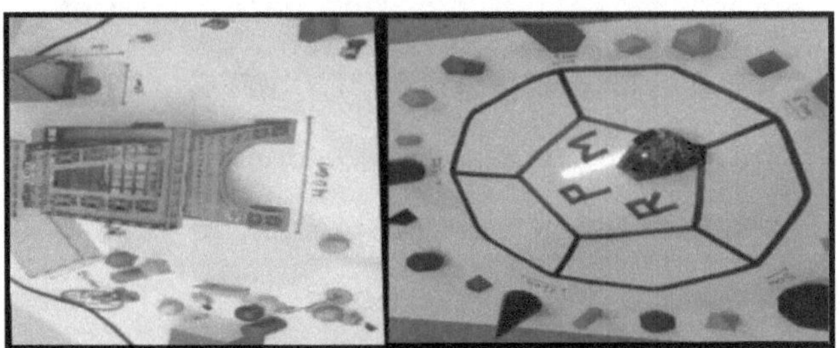

Fonte: Os autores.

Na maquete referente ao Módulo I, utilizamos o robô seguidor de linhas, já na maquete do Módulo II, utilizamos o robô com sensor de aproximação.

Neste sentido, os alunos observam as disposições dos objetos e as suas referentes marcações possibilitando assim a resolução dos problemas inventivos.

Os problemas do módulo I e II, ilustrados na Figura 2, foram criados de forma inventiva e desenvolvidos para que os estudantes pudessem resolvê-los somente com a visualização dos vídeos, que mostravam a movimentação do dispositivo robótico, programado para se deslocar pelo cenário inventivo.

Figura 2: Situações-problemas módulo I e II.

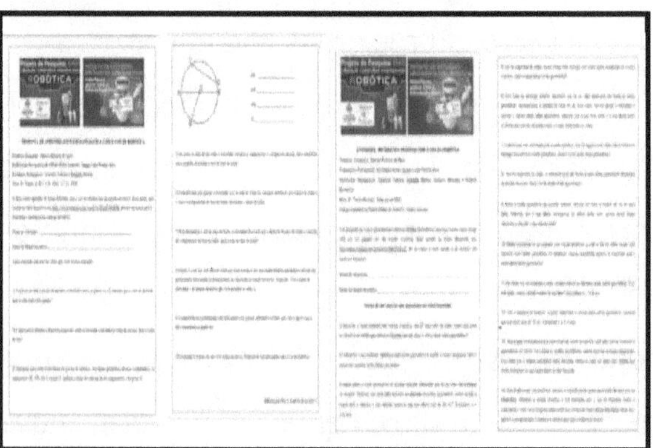

Fonte: Os autores.

As problemáticas referente ao módulo I, foram apresentadas aos discentes de maneira online, entretanto o módulo II, por estarmos em um momento muito crítico da pandemia, não tivemos a oportunidade de desenvolver tal proposta. Neste sentido, pudemos foi possível fazer a intervenção na escola parceira somente no módulo III, de maneira presencial.

Na Figura 3, apresentamos a intervenção via Google *Meet*[1], onde os alunos puderam participar de uma aula diferente da vivenciada no seu dia a dia escolar, isto é, com a exposição do vídeo[2] e o uso da robótica em um mundo inventivo.

---

[1] é um serviço de comunicação por vídeo desenvolvido pelo Google.

[2] Disponível em: <https://www.youtube.com/watch?v=DSjoE4BnRBE&t=23s>. Acesso em: 20 jul. 2022.

Figura 3: Ambiente remoto; intervenção do Módulo I.

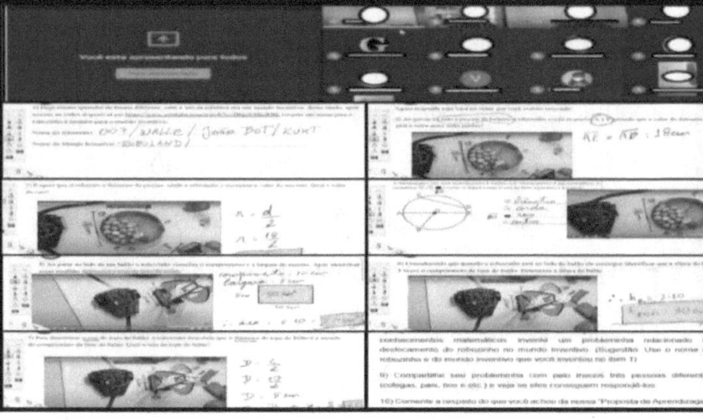

Fonte: Os autores.

Na ocasião, o professor orientador dispôs de uma lousa digital. Assim, quando os alunos respondiam as questões, ele disponibilizava as mesmas para que os demais pudessem visualizar.

Logo, até mesmo aqueles que não conseguiram entrar na sala no momento da aula, tiveram a oportunidade de participar via *WhatsApp*[3], uma vez que, todo o conteúdo produzido foi compartilhado para todos por intermédio dele.

Dando continuidade ao projeto, a Figura 4 apresenta as imagens da intervenção na escola campo do módulo II, contudo a intervenção se deu somente no

---

[3] um aplicativo multiplataforma de mensagens instantâneas e chamadas de voz para smartphones.

módulo III de maneira presencial. Seguindo com as recomendações do ministério da saúde e tomando os devidos cuidados sanitários, todos os estagiários participantes estavam devidamente vacinados, então foi possível contar com as turmas do 9°s (nonos) anos A, B, C e D.

Figura 4: Intervenção Pedagógica do Módulo II de forma presencial.

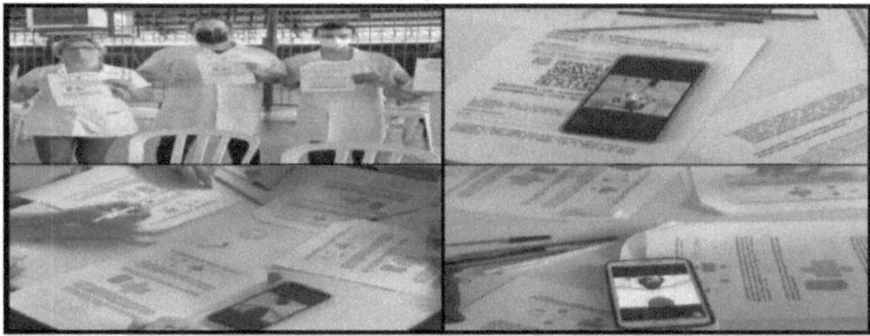

Fonte: Os autores.

Sob essa ótica, a apresentação do projeto foi feita no pátio do colégio, para que os alunos conseguissem manter a distância necessária, vale ressaltar que contamos com duas turmas em cada aula.

Nesse aspecto, foi criado um *QR Code* e colocado nas atividades impressas para facilitar o acesso ao vídeo[4] disponibilizado via Youtube.

O colégio autorizou a utilização dos *smartphones* e com isso desenvolvemos nossas propostas educacionais.

---

4 Disponível em: <https://www.youtube.com/watch?v=I8iel7RxEvQ>. Acesso em: 20 jul. 2022.

Tais propostas foram muito significativas, pois era nítido o engajamento dos alunos com a atividade proposta.

Considerações Finais

A partir do momento que expomos o projeto, foi possível constar que os conceitos matemáticos, assim como os conteúdos de Geometria Euclidiana aliados ao uso da Robótica, se fizeram de suma relevância no que concerne a aprendizagem nas turmas de 7ºs (sétimos) 8°s (oitavos) e 9°s (nonos) anos do Colégio Estadual da Polícia Militar de Goiás - Dr. Pedro Ludovico.

Dessa forma, é notório que mesmo diante do atual cenário ao qual estávamos vivenciando, da pandemia do COVID-19, houve ganhos significativos. Nesse aspecto, mesmo em aulas não convencionais e por estarmos em um ambiente totalmente online, nota-se o quanto a metodologia utilizada e a dinâmica se fazem primordial para que os alunos consigam assimilar o conteúdo e obter o aprendizado.

É visível o quanto a Educação Matemática Inventiva (EMI) com o uso da robótica se fez essencial para o aprendizado, além de ser uma ótima forma de atrair a atenção dos alunos, visto que a inventividade através da robótica estimula a curiosidade dos aprendizes. Percebendo o atual cenário e a necessidade de usar as tecnologias digitais a favor do ensino, esse projeto nos fez refletir que não podemos deixar a educação para depois.

Ademais, como futuros professores a fase do estágio supervisionado é crucial para a formação docente, visto que, enquanto estudantes podemos vivenciar e aplicar na prática, na área profissional na qual atuaremos, os conhecimentos teóricos que agregamos em sala de aula, aprimorando habilidades e conhecimentos que adquirimos nesse percurso de formação.

O estágio é uma extensão do nosso aprendizado de forma efetiva e por meio dele podemos notar que é preciso estar em uma sala de aula para perceber o quanto um conteúdo bem planejado aliado a metodologia certa é capaz de promover um ensino satisfatório e de qualidade.

Portanto, pode-se concluir que houve um aproveitamento significativo por parte dos residentes quanto dos alunos aqui mencionados, e mesmo havendo várias dificuldades obtivemos uma ótima experiência em nosso processo de aprendizagem da docência.

Referências

Alves, G. H., da Silva, M. R., Freitas, G. A., & Silva, S. C. P. (2022). TC6 ENSINAR MATEMÁTICA DE UMA FORMA DIFERENTE. ***Anais do Seminário de Ensino, Pesquisa e Extensão do Câmpus Sudoeste, 1, 103-111.***

BARBOSA, F. C. Rede de Aprendizagem em Robótica: uma perspectiva educativa de trabalho com jovens. 2016. 366 f. Tese (Doutorado em Educação e Ciências Matemáticas) – Programa de Pós-Graduação em Educação, Universidade Federal de Uberlândia. 2016. DOI: < https://doi.org/10.14393/ufu.te.2016.62>. Disponível em: < https://repositorio.ufu.br/handle/123456789/17564>. Acessado em: 12 mar. 2022.

BRASIL. Ministério da Educação. Base Nacional Comum Curricular – Versão Final. Brasília, 2018. Disponível em: <encurtador.com.br/akyzP>. Acesso em: 21 jan. 2022.

Costa, K. G., da Silva, M. R., Freitas, G. A., Garcia, D. F., & Zuliani, L. B. P. (2022). TC5 EDUCAÇÃO MATEMÁTICA INVENTIVA: PRODUZINDO PROPOSTAS EDUCACIONAIS DE MATEMÁTICA. ***Anais do Seminário de Ensino, Pesquisa e Extensão do Câmpus Sudoeste, 1, 93-102.***

DELEUZE, G. O que é um dispositivo? In: DELEUZE, G. O mistério de Ariana. Lisboa: Vega, 1996, p. 83-96.

de Oliveira Nascimento, E. M., da Silva, M. R., Freitas, G. A., & Silva, S. C. P. (2022). TC1 APRENDIZADO PEDAGÓGICO EM PERÍODO DE PANDEMIA: UMA EXPERIÊNCIA

EDUCACIONAL COMO RESIDENTE DE MATEMÁTICA NA UNIVERSIDADE ESTADUAL DE GOIÁS. ***Anais do Seminário de Ensino, Pesquisa e Extensão do Câmpus Sudoeste, 1, 59-66.***

da Silva, M. P., da Silva, M. R., Freitas, G. A., & Garcia, D. F. (2022). TC9 INTERVENÇÃO PEDAGÓGICA COM ROBÓTICA NO PROGRAMA FEDERAL RESIDÊNCIA PEDAGÓGICA. ***Anais do Seminário de Ensino, Pesquisa e Extensão do Câmpus Sudoeste, 1, 129-136.***

dos Santos Leão, M., da Silva, M. R., Freitas, G. A., & Garcia, D. F. (2022). TC12 RELATO DE EXPERIÊNCIA: EDUCAÇÃO MATEMÁTICA INVENTIVA COM ROBÓTICA. ***Anais do Seminário de Ensino, Pesquisa e Extensão do Câmpus Sudoeste, 1, 152-159.***

Fernandes, D. M., da Silva, M. R., Freitas, G. A., & Garcia, D. F. (2022). TC3 EDUCAÇÃO MATEMÁTICA INVENTIVA COM ROBÓTICA EM TEMPOS DE PANDEMIA. ***Anais do Seminário de Ensino, Pesquisa e Extensão do Câmpus Sudoeste, 1, 76-83.***

KASTRUP, V. **A invenção de si e do mundo: uma introdução do tempo e do coletivo no estudo da cognição**. Belo Horizonte: Autêntica, 2007a. 256 p.

KASTRUP, V. **Aprendizagem, arte e invenção. Psicologia em Estudo**, Maringá, v. 6, n. 1, p. 17-27, jan./jun. 2001. DOI: https://doi.org/10.1590/S1413-73722001000100003. Disponível em: http://www.scielo.br/pdf/pe/v6n1/v6n1a03.pdf. Acesso em: 10 fev. 2022.

MATARIĆ, M. J. **Introdução à robótica** / tradução Humberto Ferasoli Filho, José

Reinaldo Silva, Silas Franco dos Reis Alves. São Paulo: Editora Unesp/Blucher, 2014.

MATURANA, H..; VARELA, F.. A árvore do conhecimento. Tradução Jonas Pereira dos Santos. São Paulo: Editorial Psy II, 1995.

SILVA, Náabis Lopes et al. TC4 EDUCAÇÃO MATEMÁTICA INVENTIVA: GEOMETRIA PLANA E ESPACIAL UTILIZANDO A ROBÓTICA. **Anais do Seminário de Ensino, Pesquisa e Extensão do Câmpus Sudoeste**, v. 1, p. 84-92, 2022.

SILVA, M. R., SOUZA. JR., A. J. O uso da robótica na perspectiva da educação matemática inventiva. **ETD - Educação Temática Digital**, 22(2), 406-420. 2020a. https://doi.org/10.20396/etd.v22i2.8654828. Disponível em: <encurtador.com.br/hyT07>. Acesso em: 12 mar. 2022.

SILVA, M. R., SOUZA. JR., A. J. Educação Matemática Inventiva: interfaces entre universidade e escola. Revista de Ensino de Ciências e Matemática (REnCiMa), v. 11, p. 212-224, 2020b. DOI: https://doi.org/10.26843/rencima.v11i3.2463. Disponível em: <encurtador.com.br/insDX>. Acesso em: 07 fev. 2022.

SILVA, M. R. Experiência com robótica educacional no estágio-docência: uma perspectiva inventiva para formação inicial dos professores de matemática. 2020. 252 f. Tese (Doutorado em Educação) – Universidade Federal de Uberlândia, Uberlândia, 2020. DOI: https://doi.org/10.14393/ufu.te.2020.222. Disponível em: https://repositorio.ufu.br/handle/123456789/29034. Acesso em: 30 jan. 2022.

SILVA, M. R., SOUZA. JR., A. J. Educação Matemática Inventiva: fruto de uma pesquisa com o uso de robótica no estágio-docência. In: XIII ENEM - Encontro Nacional de Educação Matemática. 2019. Cuiabá-MT. Portal de eventos - sbem / Mato Grosso. Disponível em: https://www.sbemmatogrosso.com.br/eventos/index.php/enem/2019/paper/view/681 Acesso em: 30 jan. 2022.

SILVA, M. R. Matemática com Robótica: propostas de aprendizagem com interação virtual. Coleção Educação Matemática Inventiva. Livro Híbrido, volume: I. Goiânia: IGM, 2021. 25 p. Disponível em: <https://clubedeautores.com.br/livro/matematica-com-robotica>. Acesso em 27 mar. 2022.

SILVA, M. R. Matemática com Robótica: propostas de aprendizagem com interação virtual. Coleção Educação Matemática Inventiva. Livro Híbrido, volume: II. Goiânia:

IGM, 2021. 25 p. Disponível em: <https://clubedeautores.com.br/livro/matematica-com-robotica-iii>. Acesso em 27 mar. 2022.

SILVA, M.R. Matemática com Robótica: propostas de aprendizagem com interação virtual. Coleção Educação Matemática Inventiva. Livro Híbrido, volume: III. Goiânia: IGM, 2021. 25 p. Disponível em: <https://clubedeautores.com.br/livro/matematica-com-robotica-ii>. Acesso em 27 mar. 2022.

www.ingramcontent.com/pod-product-compliance
Lightning Source LLC
LaVergne TN
LVHW041305150826
845673LV00008B/2749

* 9 7 8 6 5 8 0 5 0 8 5 4 9 *